Charles Székely

Enseignements insupportables à l'homme naturel

Charles Székely

Enseignements insupportables à l'homme naturel

Messages cachés

Éditions Croix du Salut

Cover image: www.ingimage.com

Publisher:
Éditions Croix du Salut
is a trademark of
Dodo Books Indian Ocean Ltd. and OmniScriptum S.R.L publishing group

120 High Road, East Finchley, London, N2 9ED, United Kingdom
Str. Armeneasca 28/1, office 1, Chisinau MD-2012, Republic of Moldova, Europe
Managing Directors: Ieva Konstantinova, Victoria Ursu
info@omniscriptum.com

Printed at: see last page
ISBN: 978-3-8416-1967-9

Verset

J'ai encore beaucoup de choses à vous dire, mais vous ne pouvez pas les porter maintenant. (Jean 16 :12)

Dans son Epître adressé aux Corinthiens, l'apôtre Paul établit deux catégories fondamentales d'hommes. « Le premier homme, tiré de la terre, est terrestre ; le second homme est du ciel. Tel est le terrestre, tels sont aussi les terrestres ; et tel est le céleste, tels sont aussi les célestes. Et de même que nous avons porté l'image du terrestre, nous porterons aussi l'image du céleste. Ce que je dis, frères, c'est que la chair et le sang ne peuvent hériter le royaume de Dieu, et que la corruption n'hérite pas l'incorruptibilité. » (1Corinthiens 15 ;47-50)

Ces deux catégories d'hommes ont des intérêts différents et des attractions opposées. Les hommes charnels pensent aux choses visibles et passagères, les hommes spirituels pensent aux choses invisibles et éternelles. (2Corinthiens 4 :18)

Nous, autres, les chrétiens, nous sommes nés de nouveau, dans notre esprit, dans l'eau du baptême. (cf. Jean 3 :5) Jusque -là, nous sommes charnels, semblables à Adam, le premier homme. On devient semblables à Christ, second homme, dans l'eau de la nouvelle alliance.

Dans ce volume-ci, on a recueilli des enseignements évangéliques incompatibles aux chrétiens charnels, mais assimilables aux chrétiens nés de nouveau.

Dans l'épître adressée aux Corinthiens, Paul révèle aux sujets des hommes croyants : »Mais l'homme naturel n'accepte pas les choses de l'Esprit de Dieu ; car elles sont une folie pour lui, et il ne peut pas les connaître, parce que c'est spirituellement qu'on en juge .L'homme spirituel, au contraire, juge de tout, et il n'est lui-même jugé par personne .Car qui a connu la pensée du Seigneur pour l'instruire ? Or, nous, nous avons la pensée de Christ. » (1Corinthiens 2 :14-16)

Ludus, le 5 décembre 2024. Charles Székely.

La doctrine de la Sainte Trinité au niveau d'un enfant de 6 ans

« Mais si je les fais, même si vous ne me croyez point, croyez à ces œuvres afin que vous sachiez et reconnaissiez que le Père est en moi et que je suis dans le Père.» (Jean 10 :38)

« Car Dieu était en Christ, réconciliant le monde avec lui-même en n'imputant pas aux hommes leurs offenses, et il a mis en nous la parole de la réconciliation. » (2 Corinthiens 5 :19)

« L'ange lui répondit : Le Saint Esprit viendra sur toi et la puissance du Très-Haut te couvrira de son ombre, C'est pourquoi le saint enfant qui naîtra de toi sera appelé Fils de Dieu. » (Luc 1 :35)

Albert Einstein est d'avis que tout enseignement peut être transmis à un enfant de six ans si le professeur connaît à fond son sujet. On peut y ajouter que les hommes errent parce qu'ils ne connaissent pas les Ecritures, ni la puissance de Dieu.

L'étude suivante est destinée à ôter d'erreur ceux qui l'entendent.

Un seul Dieu en trois personnes divines est difficile à concevoir pour une intelligence terrestre. Le fondement de cette doctrine est l'Esprit de vie éternel, tout-puissant et présent partout.

Jésus-Christ enseigne que Dieu est Esprit. (Jean 4 :24) Il précise encore que ceux qui sont nés d'Esprit sont semblables au vent. On entend leur bruit, mais on ne sait d'où ils viennent, ni où ils vont. (Jean 1 :12,13 ;3 :8) Dans le contexte des versets ci-dessus, le terme d'Esprit est donc synonyme de Dieu. Celui qui est né d'Esprit est né de Dieu. Les enfants de Dieu sont de nature spirituelle, en Christ.

Quant à Jésus Christ, il est fils de David par rapport à sa chair, mais Fils de Dieu concernant son Esprit. (Romains 1 :1-3) Dès sa naissance, l'Esprit de Dieu habite en lui, vu sa conception immaculée. (Luc 1 :35) Ce n'est pas en vaine qu'il disait : le Père est en moi ; et je suis dans le Père.

Le vrai Dieu est celui qui a créé toutes choses. La participation à la création du Père et de la Parole qui a pris chair est attestée. (1 Corinthiens 8 :6, Jean 1 :1-14) Il y a donc deux personnes divines.

Dans tout ce que fait le Père et le Fils, l'Esprit de Dieu y est impliqué. Le Saint Esprit a donc aussi participé à l'oeuvre de création. « Les cieux ont été faits par la Parole de l'Éternel et toute leur armée par le souffle de sa bouche. » (Psaume 33 :6) Cette souffle a donné la vie à Adam, notre aïeul. (Genèse 2 :7) Elle est sortie de Dieu par sa bouche, pareillement à la Parole.

L'Esprit sonde les profondeurs de Dieu-Le Père. Il connaît les choses de Dieu. (1Corinthiens 2 :11) L'Esprit Saint est en Dieu, et Dieu est dans l'Esprit Saint. Le Saint Esprit est en Christ, et Christ est dans le Saint Esprit. Le fondement de la Trinité Sainte, c'est l'Esprit éternel et tout-puissant de Dieu qui se retrouve dans le Père, dans le Fils et, bien-sûr, dans le Saint Esprit.

L'Esprit est une personne, parce qu'il peut être attristé et blasphémé. (Ephésiens 4 :29,30 ; Matthieu 12 :31) Jésus le nomme Consolateur qui conduit les croyants dans toute la vérité de la Parole. (Jean 16 :13) Il y a un seul Esprit qui agit en trois personnes divines. (Ephésiens 4 :4,5)

Ludus, le 5 janvier 2024   Charles Székely

La toute-puissance de Dieu

Versets de base

1. Notre Dieu est au ciel, il fait tout ce qu'il veut. (Psaume 115 : 3)

2. Lorsque Abram fut âgé de quatre-vingt-dix-neuf ans, l'Éternel apparut à Abram et lui dit : Je suis le Dieu Tout-Puissant. Marche devant ma face et sois intègre. (Genèse 17 :1)

La connaissance de Dieu n'élargit seulement pas notre horizon sur le monde, mais elle a aussi un effet puissant sur la longueur de notre vie. Dans sa prière de grand sacrificateur, adressée au Père, le Seigneur Jésus relève un mystère : « Or, la vie éternelle, c'est qu'ils te connaissent, toi, le seul vrai Dieu et celui que tu as envoyé, Jésus-Christ. » (Jean 17 :3)

Il faut connaître premièrement ce que Dieu est, et secondement ce qu'il fait. L'apprenti doit recevoir l'Esprit de Dieu afin d'avoir la nature divine, secret de l'éternité.

La toute-puissance comme attribut divin transperce des miracles retrouvés dans les pages des Saintes Écritures.

La toute-puissance a plusieurs facettes : 1. Création de mondes et destruction de mondes. (2Pierre 3 :10,13) 2 La surveillance du plan éternel concernant les événements à se succéder dans l'Univers. (Jérémie 1 :11,12) 3. L'intervention selon sa volonté dans la vie des créatures et dans le fonctionnement des forces de la nature.

Par exemple, il a enjoint à deux corbeaux de nourrir le prophète Élie près du torrent Kerrith. (1Rois 17 :2-6) Il a fermé la gueule aux lions de la fosse, de peur qu'ils ne dévorassent le prophète Daniel qui y était jeté. (Daniel 6 :21-23)

Dans le livre de l'Exode, Moïse mentionne le passage de la Mer Rouge qui est un miracle. (Exode 14 :10-31) La mer se fendit et les Israélites passent de l'autre coté à sec, tandis que l'armée égyptienne fut engloutie par les vagues.

Dieu enleva la force au feu de peur que celui-ci n'anéantisse les trois Israélites jetés dans la fournaise au feu pour n'avoir pas adoré la statue d'or élevée par le roi Nebucadnetsar. (Daniel2 :13-30)

L'Éternel changea le cœur d'homme au roi de Babylone en un cœur de bœuf afin que celui-ci soit chassé du milieu des hommes et qu'il passe sept ans au milieu des bêtes des champs. (Daniel 4 :16 ;28-37)

Celui qui médite sur le Dieu Tout-Puissant, doit tenir compte qu'Il est Esprit. (Jean 4 :24) En tant qu'Esprit, Il remplit tout l'Univers. (Jérémie 23 :23)

L'omniprésence de Dieu favorise ceux qui y croient à marcher dans sa présence. Les croyants pensent, parlent et agissent devant la face de Dieu. Ils se gardent, de la sorte, d'offenser le Tout-Puissant. C'est la manière dont on arrive intègre.

Ludus, le 29 octobre 2024. Charles Székely.

L'Alpha et l'Omega, le Commencement et la Fin

Verset de base

Je suis l'Alpha et l'Omega, le commencement et la fin, dit le Seigneur Dieu, celui qui est, qui était et qui vient, le Tout-Puissant. (Apocalypse 1 :8)

C'est un titre de la Divinité qui a pris part à l'oeuvre de création. En sa qualité de Seigneur dans l'Univers, la Parole incarnée a pris part à la création, fait retrouvé dans l'Épitre aux Corinthiens : » Néanmoins, pour nous, il n'y a qu'un seul Dieu, le Père, de qui viennent toutes choses et pour qui nous sommes, et un seul Seigneur, Jésus-Christ, par qui sont toutes choses et par qui nous sommes. » (1Corinthiens 8 :6)

Le nom hébraïque de l'Éternel, c'est Yahweh, ce qui signifie « Je suis ». C'est par ce terme que Dieu s'est présenté à Moïse lors de sa mission égyptienne. « Dieu dit à Moise : Je suis celui qui est. Et il ajouta : C'est ainsi que tu répondras aux enfants d'Israël » (Exode 3 :14)

Celui qui a la vie est. Avant que l'Éternel n'ait lui soufflé un souffle de vie dans ses narines, Adam n'était qu'une statue de terre rouge, mais dès qu'il lui souffla un souffle de vie, Adam devint un être vivant. La vie d'Adam est donc dans le souffle que lui prêta l'Éternel. La vie de l'homme est en Dieu. Notre vie appartient à Dieu. C'est Lui qui existe dans toutes ses créatures. Il est l'existence.

Lorsque le corps de l'homme retourne dans la terre d'où il a été pris, son esprit retourne à Dieu qui l'a donné. (Ecclésiaste 12 :9) Ma vie est dans l'esprit que je détiens de Dieu. Le commencement, le déroulement et la fin de ma vie sont dans les mains de Dieu. C'est lui qui existe en nous.

D'ailleurs, tous les événements de la Terre et de l'Univers dépendent de Lui. Toutes les créatures ont en Lui la vie, le mouvement et l'être. (cf .Actes des Apôtres 17 :28)

Ludus ,21 août 2024 . Charles Székely

Le Nom de Dieu

Dieu dit à Moïse : Je suis celui qui suis. Et il ajouta : C'est ainsi que tu répondras aux enfants d'Israël : Celui qui s'appelle « Je suis » m'a envoyé vers vous. (Exode 3 :14)

Je suis l'alpha et l'oméga, dit le Seigneur Dieu, celui qui est, qui était, et qui vient, le Tout-Puissant. (Apocalypse 1 :8)

Il y a un seul Seigneur, une seule foi, un seul baptême, un seul Dieu et Père de tous, qui est au-dessus de tous, et parmi tous et en tous. (Ephésiens 4 :5,6)

Car comme le Père a la vie en lui-même, ainsi il a donné au Fils d 'avoir la vie en lui-même. (Jean 5 :26)

D'ailleurs puisque nos pères selon la chair nous ont châtiés et que nous les avons respectés, ne devons-nous pas à bien plus forte raison nous soumettre au Père des esprits, pour avoir la vie ? (Hébreux 12 :9)

D'habitude, le nom renvoie à un trait caractéristique de la personne qui le porte. On peut dire donc que le nom caractérise l'homme.

Dans le pays de Madian, où Moïse gardait les moutons de son beau-père, Jéthro, l'ange de l'Eternel lui apparut dans une flamme de feu, au milieu d'un buisson. Bien qu'il fût en feu, le buisson ne se consumait pas. Près du buisson, l'Eternel entretint une conversation avec Moïse, pendant laquelle Il lui confia la tâche de faire sortir le peuple élu du pays d'Egypte.

Moïse tint à apprendre le nom de Dieu. L'Eternel dit à Moïse : « Je suis celui qui suis. Et il ajouta : c'est ainsi que tu répondras aux enfants d'Israël : Celui qui s'appelle « Je suis » m'a envoyé vers vous. »

Cette phrase attribue l'apanage de l'existence à Dieu C'est lui qui existe dans toutes ces créatures vivantes. Les créatures n'existent pas par elles-mêmes, elles existent en Dieu, qui leur fournit la vie, le mouvement et l'être. (Actes 17 :28)

Ā l'usage des israélites, Dieu lance le nom de « Yahweh » ayant le sens de « Je suis ». Cela veut dire « c'est moi qui suis en vous » On peut encore y ajouter :la vie ne vous appartient pas en propre.

Le titre de la Divinité paraît dans Apocalypse 1 :8. Pas une autre personne ne peut s'attribuer cette dignité. Dieu est l'alpha et l'oméga, le premier et le dernier, celui qui est, qui était et qui vient pour juger, le Tout-Puissant. Il est une présence incessante depuis le commencement jusqu'à la fin. Son éternité est doublée de Toute-Puissance. S'il est la première et la dernière lettre de l'alphabet, il laisse aussi son empreinte sur toutes les lettres.

Sa présence en tous a été aussi remarquée par Paul, l'apôtre. Afin qu'on puisse bien distinguer le Dieu vivant, Paul instruit ainsi : il y a un seul Dieu et Père de tous, qui est au-dessus de tous, et parmi tous et en tous. Chaque créature porte en soi le Créateur, par l'esprit qu'elle en tient. Mais par ce fait, la créature n'est toujours point adorable. Il faut adorer Celui qui est au-dessus de tous. Dieu est en moi, mais il m'est quand-même supérieur.

Le statut de Christ est à part parmi tous ceux qui sont nés de femmes. Le Père lui a donné d'avoir la vie en lui-même, c'est-à-dire, d'être Dieu. Le Père, le Fils et le Saint-Esprit forment la Sainte Trinité.

La Sainte Ecriture rend compte d'une rébellion qui a eu lieu dans les Cieux. (Apocalypse 12 :3,4) Le tiers des anges se révoltèrent contre Dieu. Cela a été prévu dans les plans du Seigneur, parce qu'il voulait tester toutes ses créatures au contact du Malin.

Les épreuves que les hommes doivent passer envisagent la fidélité envers Dieu et envers sa Parole. Pour lui rester fidèle, le croyant doit endurer des privations, des souffrances et des tribulations, sans rouspéter.

Ces choses paraissent, dans le dernier verset, comme des châtiments que le Père applique à ses enfants en Christ. Même Jésus est entré dans sa gloire après avoir enduré les souffrances de la croix.

Ludus, le 20 juin 2023 Charles Székely

Ce que dit la Bible sur l'homme et la vie

Versets de base

1.L'Éternel Dieu fit l'homme de la poussière de la terre, il souffla dans ses narines un souffle de vie et l'homme devint une âme vivante. (Genèse 2 :7)

2.Il y a un seul Seigneur, une seule foi, un seul baptême, un seul Dieu et Père de tous, qui est au-dessus de tous et parmi tous et en tous. (Ephésiens 4 :5,6)

3.Je suis celui qui suis. Et il ajouta : C'est ainsi que tu répondras aux enfants d'Israël : Celui qui s'appelle « Je suis » m'a envoyé vers vous. (Exode 3 :14)

4.Dieu est Esprit et il faut que ceux qui l'adore, l'adorent

en esprit et en vérité.(Jean 4 :24)

5.Que le Dieu de paix vous sanctifie lui-même tout entiers, et que tout votre être, l'esprit, l'âme et le corps, soit conservé irréprochable lors de l'avènement de notre Seigneur Jésus Christ. Celui qui vous a appelés est fidèle et c'est Lui qui le fera . (1Thessaloniciens 5 :23 ;24)

6. Mais il la saisit par la main, et dit d'une voix forte : Enfant, lève-toi. Et son esprit revint en elle, et à l'instant

elle se leva, et Jésus ordonna qu'on lui donne à manger. (Luc 8 :54,55)

7.Et auquel des anges a-t-il jamais dit : Assieds-toi à ma droite jusqu'à ce que je fasse de tes ennemis ton marchepieds ? Ne sont-ils pas tous des esprits au service de Dieu, envoyés pour exercer un ministère en faveur de ceux qui doivent hériter du salut ?(Hébreux 1 :13,14)

Prendre la Bible comme source d'informations et de conseils précieux ne caractérise que les gens de foi. Le reste de la société jette l'opprobre sur la Sainte Écriture, arguant qu'elle serait pleine de fautes humaines. .

Ce qui me fait croire à la Bible, c'est le témoignage qu'en rend le Seigneur Jésus lorsqu'il se rappelle Abraham, Jonas et d'autres personnages de la Bible. Le Seigneur est mort sur la croix et le troisième jour il est ressuscité. Il connaît à la foi ce monde passagère des hommes et le monde éternel des esprits.

D'ailleurs, les écrivains de la Bible sont saints : prophètes, sages, apôtres qui ont en horreur le mensonge et s'opposent fermement aux fils du Père de Mensonge. (Jean 8 :44) La Maison de l'Eternel est en conflit permanent avec la Maison du Diable. Et cela dure depuis la création du monde. (Matthieu 13 :24-43) La tierce partie des anges se sont révoltés contre l' Éternel .(Apoc.12 :3)

Ce que contestent le plus les athées, ce sont les récits concernant la création du monde où se manifeste de manière prégnant la toute-puissance de Dieu. Dieu prit de la poussière de la terre , en fit une statue à sa propre ressemblance et souffla dans ses narines un souffle de vie. C'est ainsi que la terre rouge devint un être vivant.

La Bible soulève sa voix contre le polythéisme qui égare les gens en guète de Dieu. Elle précise qu'il n'y qu'un seul Dieu, Père de tous , qui est au-dessus de tous ;au milieu de tous et en tous, travaillant par tous.

Puisque c'est Dieu qui travaille par tous, c'est-à-dire , c'est Lui qui donne à tous la force, la volonté et le faire, Il se présenta à Moïse ainsi : »Je suis Celui qui suis ». J'y entend que c'est lui l'existence. On peut le reconnaître dans tous ce qui arrive. (Proverbes 3 :5,6) Tout se fait dans le monde selon son projet Eternel, y compris la chute adamique et le sacrifice de Jésus.

Le Seigneur découvre que Dieu est Esprit. Il fait partie d'une autre dimension du monde. En conséquent, il ne se plaît qu'à notre adoration faite par notre esprit rené. La naissance d'Esprit caractérise ceux qui croient au sacrifice et à la résurrection de Christ et sont baptisés. (Jean 1 :1-14, Romains 10 :9,10, Jean 3 :5, Marc 16 :16)

Il est instructif de dire que l'homme même est une trinité : esprit, âme et corps. Le péché adamique empêche le bon service de l'esprit, appelé à communiquer avec Dieu. C'est ce que veut révéler Paul aux Ephésiens, en disant : »Vous étiez morts par vos offenses et par vos péchés, dans lequel vous marchiez autrefois. » (Ephésiens 2 : 1,2) D'ici la nécessité d'être né de nouveau.

L'esprit, c'est l'élément qui emprunte la vie à l'âme et au corps. Lorsque la fille de Jaïrus mourut, son esprit sortit d'elle. Lorsqu'il revint, la fille ressuscita. Lorsque l'esprit sort, il emporte tout son héritage conservé dans l'âme, son expérience de vie dont il doit rendre compte devant Christ (2Corinthiens 5 :10)

L'esprit est un être céleste. Les esprits envoyés du Ciel pour rendre service aux élus de Dieu s'appellent anges. L'homme est un ange renfermé dans une maison d'argile.

Ludus,le 16 mai 2024 Charles Székely

Le pouvoir de Jésus de donner sa vie et de la reprendre

Versets de base

« Le Père m'aime, parce que je donne ma vie, afin de la reprendre. Personne ne me l'ôte, mais je la donne de moi-même ; j'ai le pouvoir de la donner et j'ai le pouvoir de la reprendre : tel est l'ordre que j'ai reçu de mon Père. » (Jean 10 :17 ;18)

Jetant un coup d'œil sur la description de la capture, du jugement et de l'exécution de Jésus de Nazareth, on constate que tout cela se doit à l'inimitié des prêtres juifs et de la foule menée par eux.

Les sacrificateurs intentent un procès contre Jésus et forcent Pilate, le gouverneur, à prononcer la sentence de mort. Le captif est battu, crucifié et injurié par surcroît. Après avoir rendu l'esprit, Jésus est enveloppé dans un linceul blanc et déposé dans un sépulcre neuf.

Le déroulement de ces événements donne l'impression que Jésus était en proie à la haine de ses ennemis. Mais il soutient de donner sa vie de son propre gré afin de la reprendre de nouveau. Il s'évertue même à dire : « Personne ne me l'ôte, mais je la donne de moi-même. » Cette affirmation de la part d'un homme qui est Dieu à la fois, mérite toute notre attention.

Lorsque les Juifs s'obstinaient de ne pas croire en Lui d'être le Fils de Dieu, Jésus argua de ses miracles, en disant : » croyez à ces œuvres, afin que vous sachiez et reconnaissiez que le Père est en moi et que je suis dans le Père. » (Jean 10 :38) Or, le Père est tout-puissant. Personne n'ôte la vie à Jésus, parce qu'il est tout-puissant.

La toute-puissance ne se limite seulement pas à la création des mondes et à leur anéantissement, Elle a aussi l'attribut de déterminer et de contrôler tout ce qui se meut et tout ce qui arrive dans les mondes. On peut même affirmer que toutes les choses arrivent selon les plans conçus en Dieu dès la création du monde.

Tous les détails du sacrifice et de la résurrection de Christ ont été prévus dans le projet divin. Il y figure aussi la trahison de Judas, le manque de caractère de Pilate, les coups de verge, la raillerie du peuple, les clous de la croix.

Judas a été prédestiné à vendre son maître à prix d'argent. Dans sa prière sacerdotale, Jésus le nomme « fils de perdition » dont les Écritures font mention. (Jean 17 :12)

D'autres ont été prédestinés à cracher sur Lui, à lui donner des coups de fouet, à se railler de Lui et à enfoncer des clous dans ses mains et dans ses pieds.

Jésus ne s'opposait pas à eux, parce qu'il est descendu sur la Terre pour donner sa vie en rançon pour les esclaves du péché. Il aurait pu les frapper de maux : aveuglement, surdité, paralysie, folie. En y renonçant, il s'est laissé maltraiter et crucifier. En se laissant faire mourir, il déposa sa vie pour la reprendre dans trois jours.

Quat à sa résurrection, elle a de même sa source dans la toute-puissance divine. Lorsqu'il a rendu son esprit, il continuait à exister dans le Père. Le troisième jour, le Père ressuscita le Fils des morts. Cela est écrit dans le texte qui définit la foi salvatrice.

« Si tu confesses de ta bouche le Seigneur Jésus et si tu crois dans ton cœur que Dieu l'a ressuscité des morts, tu seras sauvé. Car c'est en croyant du cœur qu'on parvient à la justice et c'est en confessant de la bouche qu'on parvient au salut. » (Romains 10 :9,10)

Ludus, le27 décembre 2023. Charles Székely

Le portement de croix selon Christ

Versets de base

Alors Jésus dit à ses disciples : Si quelqu'un veut venir après moi, qu'il renonce à lui-même, qu'il se charge de sa croix et qu'il me suive. Car celui qui voudra sauver sa vie la perdra, mais celui qui la perdra à cause de moi la retrouvera. Et que servirait-il à un homme de gagner tout le monde, s'il perdait son âme ? Où que donnerait un homme en échange de son âme ? (Matthieu 16 :24-26)

Un disciple marche sur les traces de son maître : Le Seigneur Jésus eut toujours le désir d'avoir des disciples sur la Terre. (Matthieu 28 :18-20) Ceux qui croient à son sacrifice et à sa résurrection deviennent disciples dans l'eau du baptême.

C'est dans cette eau que le candidat au baptême reçoit par la foi la croix de Christ, par la raison qu'il s'y unit à Jésus crucifié Qui plus est, il s'y unit aussi à Jésus le ressuscité. (Colossiens 2 :11,12) Ce qui ouvre la porte vers l'Esprit de résurrection à ceux qui se comptent comme morts en Christ envers une tentation quelconque.

Le terrain de l'Esprit de résurrection se trouve derrière le terrain du péché et de la mort. Chacun d'eux a sa loi. (Romains 8 :1,2) La loi du péché et de la mort agit dans l'homme charnel vivant. La loi de l'Esprit de résurrection commence à agir après la mort de l'homme charnel. Le chrétien échappera à la loi du péché et de la mort, s'il se considère comme mort, en Christ, envers le péché qui le tente. Ce faisant, il évite le péché, et en passant sur le terrain de l'Esprit de vie, il fait automatiquement ce qui est agréable à Dieu.

C'est ce qui se passe lorsqu'on porte sa croix. Le verset-clef du portement de croix est le suivant : » Ainsi vous-mêmes, regardez-vous comme morts au péché et comme vivants pour Dieu, en Jésus Christ. » (Romains 6 :11)

Le portement de croix déjoue la convoitise pécheresse à l'affût dans le sang. La convoitise attend le moment favorable pour se satisfaire par une œuvre de la chaire. (Galates 5 :19-21) Mais, à l'instant où le chrétien se considère comme mort au péché, la convoitise meurt aussi, elle est étouffée.

Les croyants qui portent leurs croix perdent leur vie charnelle, mais gardent la vie éternelle, par contre, ceux qui ne portent pas leur croix gardent leur vie charnelle, mais ils perdent leur vie éternelle.

Finalement, il sied qu'on donne un exemple de portement de croix. Un homme tombe dans une circonstance favorable pour commettre l'adultère. Il se souvient toutefois que ce serait un péché abominable devant le Seigneur. Alors il se considère comme mort en Christ pour l'adultère. La convoitise en est suffoquée et l'occasion de pécher est évitée.

Le portement de croix est très utile pour le chrétien dans les persécutions, dans les maladies, dans les crises de ce monde passagère. Il s'en tire en paix et supporte tout.

L'apôtre Paul l'apprécie et s'en vante, en ces termes : « Pour ce qui me concerne, loin de moi la pensée de me glorifier d'autre chose que de la croix de notre Seigneur Jésus Christ, par qui le monde est crucifié pour moi, comme je le suis pour le monde. » (Galates 6 :14)

Ludus, le 13 janvier 2024 Charles Székely

Marcher par la foi et non par la vue

Versets de base

1. Or, la foi est une ferme assurance des choses qu'on espère, une démonstration de celles qu'on ne voit pas. (Hébreux 11 :1)

2. Car c'est par la grâce que vous êtes sauvés, par le moyen de la foi. Et cela ne vient pas de vous, c'est le don de Dieu. (Ephésiens 2 :8)

3. Ainsi la foi vient de ce qu'on entend ; et ce qu'on entend vient de la parole de Christ. (Romains 10 :17)

4. Et comme nous avons le même esprit de foi qui est exprimé dans cette parole de l'Ecriture : « J'ai cru, c'est pourquoi j'ai parlé », nous aussi nous croyons, et c'est pourquoi que nous parlons. (2Corinthiens 4 :13)

5. Si tu confesses de ta bouche le Seigneur Jésus et si tu crois dans ton cœur que Dieu l'a ressuscité des morts, tu seras sauvé. Car c'est en croyant du cœur qu'on parvient à la justice et c'est en confessant de la bouche qu'on parvient au salut. (Romains 10 :9,10)

6. Nous sommes toujours pleins de confiance et nous savons qu'en demeurant dans ce corps, nous

demeurons loin du Seigneur—car nous marchons par la foi et non par la vue—nous sommes pleins de confiance et aimons mieux quitter ce corps et demeurer auprès du Seigneur. (2Corinthiens 5 :6-8)

La foi est la monnaie qui a cours dans le Royaume de Dieu. À propos, Jésus dit à un père éploré :» Tout est possible à celui qui croit. » (Marc 9 :23)

La seule définition de la foi se trouve en Hébreux, chapitre 11, verset 1 : » La foi est la ferme assurance des choses qu'on espère, une démonstration des choses qu'on ne voit pas. »

L'espérance des gens de ce monde se dirige vers les choses d'ici-bas qui périssent, tandis que l'espérance des croyants s'attache aux choses impérissables décrites dans la Bible.

Le croyant espère aux choses dont il lit dans la Bible, invisibles aux yeux charnels, et il y croit à la fois. L'objectif de la foi suscite l'espérance sans être vu.

La Bible parle de la vie éternelle, de la justice divine, de la paix qui domine dans le Royaume de Dieu, de l'amour divine, de la destruction de la mort et d'une harmonie universelle.

Les personnes invisibles auxquelles s'attache le chrétien sont : le Père, créateur du monde, le Fils, Sauveur des pécheurs, le Saint Esprit, source de vie et de sainteté. En invoquant le Dieu Trinitaire, le croyant reçoit des réponses de lui, en démontrant son existence.

Paul révèle aux Éphésiens que la foi est porteuse de grâce : » C'est par la grâce que vous êtes sauvés, par le moyen de la foi. » Or cette foi, c'est le don de Dieu. C'est-à-dire qu'il la donne à qui il veut, à ses élus.

La source de la foi, c'est l'Évangile. Mais tous ceux qui écoutent l'Évangile ne s'en emparent pas, mais seulement ceux qui craignent Dieu. (Actes 16 :14)

La foi naît dans le cœur, non pas de ce qu'on voit, mais de ce qu'on entend, ce qu'on entend à l'écoute de l'Évangile. La crainte de Dieu aide à pénétrer les pensées qui gouvernent la Bible. Les élus pensent tout autrement que les ennemis de Dieu. » La prédication de la croix est une folie pour ceux qui périssent, mais pour ceux qui sont sauvés elle est une puissance de Dieu. » (1Corinthiens (1 :18)

L'esprit de foi qui pénètre dans le cœur se révèle par le témoignage rendu à Jésus Christ. C'est le signe de la foi salvatrice, vivante.

Le témoignage qui apporte le salut à trait à la résurrection de Jésus de Nazareth, rendu dans l'eau du baptême devant les anges invisibles et les hommes visibles. (Marc 16 :16) Le fait que le catéchumène rend témoignage à Christ devant un public teste sa foi. Le catéchumène devient juste dans l'eau de la nouvelle aliiance et y obtient le salut.

Marche par la foi celui qui en a. Celui qui n'en a pas marche par la vue. Celui qui marche par la foi donne plus d'importance aux choses invisibles qu'aux choses visibles. Celui qui marche par la vue se moque des choses invisibles.

Ludus,le 11, mars 2024 Charles Székely

Renfermés dans la désobéissance, en attendant la miséricorde

Versets de base

Car Dieu a renfermé tous les hommes dans la désobéissance pour faire miséricorde à tous. (Romains 11 :32)

Or, nous savons que tout ce que dit la loi, elle le dit à ceux qui sont sous la loi, afin que toute bouche soit fermée, et que tout le monde soit reconnu coupable devant Dieu. (Romains 3 :19)

Car ainsi parle l'Eternel : C'est gratuitement que vous avez été vendus, et ce n'est pas à prix d'argent que vous serez rachetés. (Esaïe 52 :3)

Vous savez que, ce n'est pas par des choses périssables, par de l'argent ou de l'or, que vous avez été rachetés de la vaine manière de vivre que vous avez héritée de vos pères, mais par le sang précieux de Christ, comme d'un agneau sans défaut et sans tache. (1Pierre 1 :18,19)

Ainsi donc, comme par une seule offense, la condamnation a atteint tous les hommes, de même par un seul acte de justice la justification qui donne la vie s'étend à tous les hommes. Car, comme par la désobéissance d'un seul homme, beaucoup ont été rendus pécheurs, de même, par l'obéissance d'un seul, beaucoup seront rendus justes. (Romains 5 :18,19)

Cet état d'être renfermé dans la désobéissance et d'attendre la miséricorde de Dieu caractérise tous les hommes nés sur la Terre. Il s'y agit de la désobéissance envers Dieu, le péché que l'homme hérite d'Adam. Paul instruit que « le salaire du péché, c'est la mort ». (Romains 6 :23) Ce sachant, l'homme s'attend à la miséricorde de Dieu.

Cet état de condamné à mort où naissent tous les bébés est conforme au plan divin. Le péché adamique a été prévu dans le plan que le Tout-Puissant a conçu avant la fondation du monde. Il désirait offrir aux hommes une vie d'épreuve au cours de laquelle tous aient à choisir entre le bon Dieu et le Malin. Tombés tous entre les mains de Satan, une bonne partie des humains crient à la miséricorde divine. Dieu leur avait préparé d'avance un Sauveur dans la personne de Jésus-Christ.

Certains se proposent d'échapper à l'esclavage des Ténèbres par la voie de la Loi de Moïse. Paul les détrompe disant que la loi ne sert qu'à fermer les bouches au jour du jugement. Par la loi on accède à la connaissance du péché. Les pécheurs ont besoin de grâce.

Pour mieux comprendre les textes de l'Ecriture, tout expert doit tenir compte du fait que l'Auteur en est le Dieu Tout- Puissant qui avait projeté tous les événement sociaux et individuels de l'histoire avant la fondation du monde. La chute adamique figure dans ses plans, il y figure aussi le sacrifice et la résurrection de Jésus de Nazareth.

Le prophète Esaïe y fait allusion dans le cinquante-deuxième chapitre de son livre : C'est gratuitement que vous avez été vendus, et ce n'est pas à prix d'argent que vous serez rachetés.

Pierre précise le prix auquel Dieu a racheté toute l'humanité : le sang de l'Agneau céleste.

Adam et Ève offensèrent l'Éternel transgressant sa Parole. Il en découle la mort. Mais Jésus fut obéissant jusqu'à la mort et encore mort par la croix. Si de la désobéissance d'Adam il résulte la mort, de l'obéissance de Jésus il résulte la vie. (Romains 6 :23)

Ludus, le 26 juin 2023 Charles Székely

L'humiliation du roi Nebucadnetzar

Versets de base

« Son cœur d'homme lui sera ôté ; et un cœur de bête lui sera donné : et sept temps passeront sur lui. » (Daniel 4 :16)

« Au même instant la parole s'accomplit sur Nebucadnetzar. Il fut chassé du milieu des hommes ; il mangea de l'herbe comme les bœufs ; son corps fut trempé de la rosée du ciel, jusqu'à ce que ses cheveux croissent comme les plumes des aigles, et les ongles comme ceux des oiseaux. Après le temps marqué, moi, Nebucadnetzar, je levai les yeux vers le ciel et la raison me revint. J'ai béni le Très-Haut ; j'ai loué et glorifié celui qui vit éternellement, celui dont la domination est une domination éternelle ; et dont le règne subsiste de génération en génération. Tous les habitants de la terre ne sont à ses yeux que du néant ; Il agit comme il lui plaît avec l'armée des cieux et avec les habitants de la terre, et il n'y a personne qui résiste à sa main et qui lui dise : Que fais-tu ? » (Daniel 4 :33-35)

Le récit du roi Nebucadnetzar prouve éloquemment la toute-puissance de l'Éternel. Le roi possédant une intelligence humaine normale perd son intelligence, suite d'un songe, pour sept ans, logeant parmi les ânes sauvages et mangeant de l'herbe comme les bœufs, puis il lui arrive à recouvrer son intelligence tout en échappant à son orgueil natif.

Le roi conte son rêve et le prophète l'explique, ensuite le rêve s'accomplit.

Nebucadnetzar, roi de Babylone, voit un rêve qui le trouble et l'épouvante. Il voit un grand arbre dont la cime s'élevait jusqu'aux cieux et qu'on voyait des extrémités de toute la terre. Son feuillage était beau, et ses fruits abondants. Il portait de la nourritures pour tous ;Les bêtes des champs s'abritaient sous son ombre, les oiseaux du ciel faisaient leur demeure parmi ses branches, et tout être vivant tirait de lui sa nourriture.

À un moment donné, un surveillant saint descendit des cieux et donna l'ordre d'abattre l'arbre et de couper ses branches, mais, toutefois, de laisser en terre le tronc et les racines, en les liant avec des chaînes de fer et d'airain. Il prononça aussi une sentence « Son cœur d'homme lui sera ôté, et un cœur de bête lui sera donné, et sept temps passeront sur lui : » (Daniel 4 :16)

Le prophète lui explique que cet arbre gigantesque qui fournit de la nourriture à toute la terre, c'est le roi -même. La sentence prononcée par le surveillant céleste le poursuit. C'est pourquoi, il lui recommande de quitter ses péchés, de pratiquer la justice et d'user de compassion envers les malheureux. De la sorte, son bonheur pourra se prolonger.

Au bout de douze mois, toutes ces choses sont accomplies sur le roi. Comme il se promenait sur le palais royal, Nebucadnetzar prit la parole et dit : » N'est-ce pas ici Babylone la grande que j'ai bâti comme résidence royale par la puissance de ma force et pour ma gloire de ma magnificence ? La parole était encore dans la bouche du roi, qu'une voix descendit du ciel : Apprends, roi Nebucqadnetzar, qu'on va t'enlever le royaume. »

Il fut chassé du milieu des hommes, il mangea de l'herbe comme les bœufs, son corps fut trempé de la rosée du ciel, jusqu'à ce que ses cheveux croissent comme les plumes des aigles et ses ongles comme ceux des oiseaux.

Quelle humiliation pourrait-elle être pire que celle provoquée par le changement du cœur ? Le cœur est le logis de l'esprit, source de vie. Le roi a été privé de son esprit d'homme et il a reçu un esprit de bête. Il a probablement beuglé, au lieu de parler. En conséquence, on lui a donné de l'herbe à manger. Il demeura sept ans parmi les bêtes des champs. Sous l'effet de la rosée qui trempait son corps ses cheveux se transformèrent en plumes ; et ses ongles en serres.

Le comportement de bête du roi força les serviteurs du palais de le chasser parmi les bêtes du champ. Mais , après sept ans, la raison lui revint et ses conseillers le redemandèrent et il fut rétabli dans son royaume.

Cette expérience fut bénéfique au roi. Son orgueil diabolique fut remplacé d'une modestie humaine. La conclusion qu'il tire de son expérience en est preuve.

« Maintenant, moi, Nebucadnetzar, je loue, j'exalte, je glorifie le roi des cieux, dont toutes les œuvres sont vraies, et les voies justes ; et qui peut abaisser ceux qui marchent en orgueil. »(Daniel 4 :37)

Ludus, le 6 décembre 2023 Charles Székely

Une chose cachée depuis la création du monde

Versets de base

J'ouvrirai ma bouche en paraboles, je publierai des choses cachées depuis la création du monde. (Matthieu 13 :35)

Il leur proposa une autre parabole, et il dit : Le Royaume des Cieux est semblable à un homme qui a semé une bonne semence dans son champ. Mais pendant que les gens dormaient, son ennemi vint, sema de l'ivraie parmi le blé, et s'en alla.

Ses disciples s'approchèrent de lui, et dirent : Explique-nous la parabole de l'ivraie du champ. Il répondit : Celui qui sème la bonne semence, c'est le Fils de l'Homme ; le champ, c'est le monde ; la bonne semence, ce sont les fils du Royaume ; l'ivraie, ce sont les fils du Malin ; l'ennemi qui l'a semée, c'est le diable ; la moisson, c'est la fin du monde ; les moissonneurs, ce sont les anges. (Matthieu 13 :36-39)

Le chapitre treize de l'Evangile selon Matthieu comprend sept paraboles présentées par le Seigneur Jésus sur le Royaume de Dieu. La seconde traitant de l'ivraie du camp s'étend du verset 24 jusqu'au verset 43. La clé d'un commentaire valable s'en trouve dans le verset 35.

Ce verset suggère qu'il s'y agit d'une chose cachée depuis la création du monde. Mais les commentateurs, d'un commun accord, traitent ce récit comme si l'action s'en était passée après l'incarnation de la Parole, mentionnée en Jean 1 :14. Le fondement de cette erreur est le titre de Fils de l'homme que la Parole éternelle s'applique ici-bas. A la création du monde il n'était point homme. Or, on a affaire à une narration qui rend des actions tenues secrètes depuis la création du monde. Ce qui motive le titre ci-dessus du Seigneur, c'est ce qui est écrit dans le livre des Hébreux : » Jésus-Christ est le même hier, aujourd'hui et éternellement. (Hébreux 13 :8) Incarné ou non-incarné, il est le même. Chez Dieu, il n'y a ni changement ni ombre de variation. (Jacques 1 :17)

On doit donc rapporter tous les éléments de ce récit symbolique à l'époque de la création du monde. Le Fils de l'homme qui sème la bonne semence, c'est la Parole créatrice. Le champ, c'est le monde. Lorsque Jean annonce que Dieu a tant aimé le monde qu'il a donné son Fils unique, afin que quiconque croit à lui ne périsse point, mais qu'il ait la vie éternelle, il a eu en vue l'humanité. (Jean3 :16) Bibliquement parlant, le monde, c'est l'humanité. Cette humanité, à l'époque de la création, ce fut Adam, terre rouge. Par conséquent, le champ, c'est la chair d'Adam, qui reçut la bonne semence.

Tandis que la bonne semence, ce sont les Fils du Royaume céleste, la mauvaise semence, ce sont les fils du Malin. Celle-ci a été semée par le Diable. Toute l'humanité, enfants de Dieu et enfants du Diable, a été semée dans les cuisses d'Adam. Par exemple, lorsque Abraham a donné la dîme à Melchisédek, son arrière- petit-fils, Lévi, se trouvait dans ses reins.

Le corps d'Adam, où l'on est né tous, est un champ semé, d'une part, de blé, et d'autre part, d'ivraie. Caïn était du Malin, dans son esprit hérité du Diable. (1Jean 3 :12) Il est né d'une semence d'ivraie dans la chair adamique. D'autre côté, son frère, Abel est né d'une semence spirituelle de blé, parce que le Seigneur le nomme juste. (Matthieu 23 :13-36)

Même parmi les disciples se trouva un fils du Malin. C'est le Seigneur qui en rend compte : » N'est-ce pas moi qui vous ai choisis, vous les douze ? Et l'un de vous est un démon. » Judas Iscariot, prédestiné à trahir, porte aussi le nom, de fils de perdition. (Jean17 :12) Les lamentation à son compte sont du temps perdu.

Tout le monde hérite du péché originaire. Tous ceux qui sont nés de semences de blé agréent l'Evangile et viennent à Jésus. Ceux qui sont nés de semences d'ivraie haïssent Christ sans cause et le refusent comme Sauveur. C'est pourquoi les fils du Malin sont prédestinés à la mort, et les fils du Royaume sont prédestinés à la vie.

Au temps de la moisson, l'ivraie est arrachée et jetée dans le feu. Tandis que le blé est mis dans le grenier de l'éternité.

C'est un grand secret que le Seigneur dévoile concernant la création de l'homme. Il enseigne encore que la vérité rend libre.

(Jean 8 :32,33) Par contre, le mensonge asservit. Et le père du mensonge, c'est Satan. En acceptant des mensonges sataniques, les gens deviennent esclaves de Satan.

Dans ce monde coexistent ainsi les fils du Royaume et les fils des Ténèbres. Ceux-ci accomplissent la volonté de Satan et l'on ne peut pas les arracher des bras de leur père. On peut s'attendre de leur part à des attitudes qui défient le bon sens. Pendant les tribulations qui viennent, ils rendront preuve des plus horribles gestes possible.

Pendant les persécutions qui frappent à la porte, les fils du Royaume se découvrent et s'aident. Christ recommande aux siens : » Ne craignez pas ceux qui tuent le corps et qui ne peuvent pas tuer l'âme, craignez plutôt celui qui peut faire périr l'âme et le corps dans la géhenne. La crainte de Dieu chasse la crainte des hommes. C'est nos réactions qui comptent devant Dieu, quand nous passons par des épreuves.

Ludus, le 22 juin 2023 Charles Székely

Autrefois, Dieu a parlé à nos pères par les prophètes, dans les derniers temps, Il nous a parlé par le Fils

Versets de base

Après avoir autrefois, à plusieurs reprises et de plusieurs manières, parlé à nos pères par les prophètes, Dieu, dans ces derniers temps, nous a parlé par le Fils, qu'il a établi héritier de toutes choses, par qui il a aussi créé l'univers. Le Fils est le reflet de sa gloire, et l'empreinte de sa personne et il soutient toutes choses par sa parole puissante. Il a fait la purification des péchés et s'est assis à la droite de la majesté divine dans les lieux très hauts. (Hébreux 1 :1-4)

Ces deux manières dont Dieu a parlé aux hommes sont spécifiques à l'âge de la Loi et à l'âge de la Grâce. Dans les temps anciens, l'Éternel a choisi des gens craignant Dieu pour transmettre des messages à son peuple élu parmi les descendants pécheurs d'Adam. (2Pierre 1 :20 ,21)

Dans les temps plus récents, Dieu a parlé par son Fils, par lequel Il transmet à l'humanité entière son pardon et sa sainteté.

Comme la Loi instituée par Moïse frappe de mort les pécheurs et personne n'échappe à sa rigueur, Dieu a trouvé bon de la remplacer par la Grâce et la Vérité.

Dans son Évangile, Jean relève que « la Loi a été donnée par Moïse, la grâce et la vérité sont venues par Jésus-Christ. » (Jean 1 :17) Cela veut dire que la grâce et la vérité firent défaut ici-bas avant la naissance de Christ.

Il est à remarquer, que la Loi de Moïse et la Grâce de Christ sont en contraste et s'excluent réciproquement, chose ignorée par plusieurs ministres de la Parole. Ceux-ci contribuent à détruire ces deux systèmes à servir Dieu. Pour eux, l'avertissement suivant n'existe pas : » Vous êtes séparés de Christ, vous tous qui cherchez la justification dans la Loi, vous êtes déchus de la grâce » (Galates 5 :4) Ainsi donc, les prédicateurs légalistes nuisent journellement aux assemblées où ils servent. À cause d'eux le christianisme échoue dans le monde.

À l'heure actuelle il y a une grande confusion concernant la Parole de Jésus-Christ. On attribue à Christ toutes les paroles retrouvées dans l'Ancien Testament, du fait que

Christ est la Parole (jean 1 :1-14) Mais l'Évangile se doit à la Parole incarnée. Les paroles de Jésus qui est à la fois Dieu et Homme commencent par l'Évangile de Paix.

Le but que Dieu poursuivit par le sacrifice de son Fils n'était seulement pas celui d'instituer la grâce ici-bas, mais aussi celui de rendre impuissant celui qui avait la puissance de la mort, c'est-à-dire le diable. (Hébreux 2 :14) Les paroles de Jésus s'appuient toujours sur son sacrifice de sang devant Dieu. Les paroles de l'Agneau céleste apportent la grâce, la vérité et le triomphe sur Satan. Les paroles de Moïse manquent de ses effets.

Avant de s'élever au Ciel, Jésus le Seigneur a lancé ces mots sentencieuses : »Allez, faites de toutes les nations des disciples, les baptisant au nom du Père, du Fils et du Saint Esprit, et enseignez-leur à observer tout ce que je vous ai prescrit » (Matthieu 28/19,20) À retenir que les paroles de Jésus diffèrent de celles de Moïse :

Ludus,le 26 juin 2024. Charles Székely

Lévi dans les reins d'Abraham

Verset de base

De plus Lévi, qui perçoit la dîme, l'a payé, pour ainsi dire, par Abraham, car il était encore dans les reins de son père, lorsque Abraham alla devant Melchisédec. (Hébreux 7 :9,10)

Les cieux sont peuplés d'esprits, dont plusieurs sont envoyés à venir en aide aux hommes élus par Dieu. (Hébreux 1 :14) La Bible conçoit les esprits comme des êtres vivants.

Selon la Parabole de l'Ivraie, qui publie des choses cachées depuis la création du monde, la Parole créatrice a semé des semences spirituelles de blé dans le champ, tandis que le Malin y a semé des semences spirituelles d'ivraie.

Les prédicateurs qui ne se conforment pas au verset 35 errent dans leurs commentaires et promeuvent des erreurs périlleuses.

Il faut pareillement se tenir aux indications de Christ : » Celui qui sème la bonne semence, c'est le Fils de l'homme. Le champ, c'est le monde ; la bonne semence, ce sont les fils du Royaume ; l'ivraie, ce sont les fils du Malin ; l'ennemi qui l'a semé, c'est le Diable ; la moisson ,c'est la fin du monde ; les moissonneurs, ce sont les anges. (Matthieu11 :37-39)

La narration commence par la création et finit par destruction du monde.

Celui qui sème la bonne semence, c'est la Parole, du moment qu'il s'y agit d'une énigme cachée au début du monde. (Matthieu 11 :35) La bonne semence, ce sont des semences spirituelles de blé dont il résultera des fils pour royaume céleste.

Le champ qui reçoit les semences, c'est le monde. Au début du monde, le monde était un seul homme : Adam. Par le terme de monde, le Saint Esprit entend l'humanité. (Jean 3 :16) La Parole a donc jeté la semence de blé dans le corps d'Adam.

Le Diable a semé l'ivraie toujours dans le corps d'Adam. Le premier fils d'Adam, Caïn, né d'une semence d'ivraie appartint au Malin. (1Jean 3 :12) Tandis qu'Abel né d'une semence de blé spirituelle fut juste. (Matthieu 23 :34,35)

En commençant par Adam, les pères portent dans leurs reins, en forme de semence, toute leur postérité. D'où il découle qu'à son tour Abraham portait dans ses reins Lévi sous forme de semence spirituelle.

Ludus, le 5 novembre 2024. Charles Székely.

L'homme composé d'esprit, d'âme et de corps

Versets de base

Que le Dieu de Paix vous sanctifie lui-même tout entiers, et tout votre être, l'esprit, l'âme et le corps, soit conservé irréprochable, lors de l'avènement de notre Seigneur Jésus-Christ. Celui qui vous a appelé est fidèle, et c'est lui qui le fera. (1 Thessaloniciens 5 : 23 ,24)

Car la parole de Dieu est vivante et efficace, plus tranchante qu'une épée quelconque à deux tranchants, pénérante jusqu'à partager âme et esprit, jointures et moelles, elle juge les sentiments et les pensées du coeur. (Hébreux 4 :12)

L'Éternel Dieu forma l'homme de la poussière de la terre, et souffla dans ses narines un souffle de vie et l'homme devint une âme vivante. (Genèse 2 :7)

Comme le corps sans esprit est mort, de même la foi sans les oeuvres est morte. (Jacques 2 :26)

Et moi, je fais venir le déluge d'eaux sur la terre pour détruire toute chair ayant souffle de vie sous le ciel : tout ce qui est sur la terre périra. (Genèse 6 :17)

Je mettrai mes lois dans leur esprit, je les écrirai dans leur coeur : et je serai leur Dieu, et ils seront mon peuple. (Hébreux 8 :10)

S'engager à éclaircir ce sujet est l'une des entreprises les plus difficiles. L'esprit est d'une abstraction bouleversante. Christ le compare au vent : » Le vent souffle où il veut, et tu en entends le bruit, mais tu ne sais d'où il vient, ni où il va. Il en est ainsi de tout homme qui est né de l'Esprit. » (Jean 3 :8)

Quand ce terme commence par une minuscule, il désigne l'esprit de l'homme ou bien un individu invisible du royaume céleste qu'on nomme communément « ange » ,lorsqu'il est envoyé en mission sur la terre. (Hébreux 1 :13,14)

Quand il commence par une majuscule, ce terme désigne l'Esprit de Dieu, la troisième personne de la Sainte Trinité. Quant au Créateur, Jésus révèle : » Dieu est Esprit, et il faut que ceux qui l'adorent l'adorent en esprit et en vérité. » (Jean 4 :24)

Dans le Royaume de Dieu tout est spirituel, il n'y a rien de matériel. Aussi la découverte suivante de Jésus est-elle mémorable : « C'est l'Esprit qui vivifie, la chair ne sert à rien. Les paroles que je vous ai dites sont Esprit et vie. » (Jean 6 :63)

Paul envisage l'homme comme un alliage de deux sphères spirituelles et d'une sphère matérielle. L'esprit de vie s'est allié à la terre rouge (Adam), le dotant d'âme. L'esprit communique avec le monde des esprits, l'âme communique avec le monde environnant. Le corps est la maison de l'esprit et de l'âme.
Cette Trinité est fonctionnelle selon la volonté de Dieu.

Paul bénit les Thessaloniciens, en disant : Que le Dieu de Paix vous sanctifie lui-même tout entiers, et que tout votre être, l'esprit, l'âme et le corps, soit conservé irréprochable, lors de l'avènement de notre Seigneur Jésus-Christ. C'est une bénédiction harmonieuse, qui s'étend également sur l'esprit, sur l'âme et sur le corps. Dieu désire sauver toute la trinité humaine. Ce corps mortel va être englouti par un corps immortel. (2Corinthiens 5 :4)

Ce qui est difficile pour les experts, c'est de distinguer les deux sphères spirituelles de l'homme. Ce qui est difficile à l'homme est facile à la Parole de Dieu, laquelle est un être vivant, partageant l'âme et l'esprit, jugeant les sentiments et les pensées du public.

La trinité humaine paraît aussi évidente dans la description de a création de l'homme. L'Éternel Dieu prit de la poussière et en forma une statue à sa ressemblance. Après il souffla dans ses narines un souffle de vie. Ce souffle de vie, c'est l'Esprit de Dieu. Et l'homme devint une âme vivante. La tradition chrétienne nomme tout homme « âme ». L'expression « âme vivante » signifie ici un être vivant, parce qu'auparavant la statue n'avait pas la vie.

Jacques, en accord avec la Genèse, met en évidence que l'esprit donne la vie au corps. Si l'esprit quitte le corps, le corps perd sa vie. De même perd la vie la foi qui n'est pas mise en pratique.

Comme les créatures ont corrompu leur voies, Dieu décida d'anéantir par un déluge toute chair ayant un esprit de vie. Tout ce qui était sur la terre a été détruit. Le déluge a fait sortir l'esprit de vie de leurs corps.

Auprès de l'esprit de vie, l'Éternel peut mettre aussi d'autres esprit dans le corps humain. Si c'est un esprit de sagesse, de fidélité, de bonté, d'humilité et de crainte de Dieu, le corps en est béni. Mais, si c'est un esprit de haine, de rébellion, d'orgueil, de cupidité, de mensonge et de perversion, le corps en est maudit.

Toute activité utile se doit à un esprit dont Dieu dote les hommes. (Exode 35 :30) Mais Dieu peut mettre aussi dans le corps des humains des esprits qui causent leur perte. (Ésaïe 37 :5-7)

Parlant de la Nouvelle Alliance, Dieu révèle que ceux qui y participent reçoivent dans leur esprit (dont le siège est dans le coeur) les lois de l'Éternel pour devenir son peuple.

Jacques reprend cette idée dans le premier chapitre de son livre. « Mais celui qui aura plongé les regards dans la loi parfaite, la loi de la liberté, et qui aura persévéré, n'étant point un auditeur oublieux, mais se mettant à l'oeuvre, celui- là sera heureuse dans son activité. » (Jacques 1 :25)

Une loi écrite sur des dalles de pierre asservit, étant en dehors de l'homme, mais la loi qui habite dans le coeur affranchit.

Le chrétien est prédestiné à être conduit par l'esprit dans lequel trouve la Loi de Christ. En écoutant cette loi, il est heureux. Ce qui l'y aide, c'est le portement de croix. La croix s'applique à l'homme charnel qui s'oppose à l'Esprit. (Galates 5 :17)

L'esprit s'occupe des hoses d'en Haut, tandis que l'âme s'occupe des choses d'en Bas. C'est pourquoi l'âme doit obéir à l'esprit en vue de la sanctification. Ā la fin de la route, lorsque l'esprit quitte le corps, il prend avec lui tout ce qu'il a enregistré dans l'âme. L'esprit et l'âme retournent à Dieu, le corps y va plus tard, à l'enlèvement de l'Église. (1Thessaloniciens 4 :13-18)

Ludus, le 29 juin 2023 Charles Székely

Se glorifier volontiers dans sa faiblesse

Versets de base

Et pour que je ne sois pas enflé d'orgueil à cause de l'excellence de ces révélations, il m'a été mis une écharde dans la chair, un ange de Satan , pour me souffleter et m'empêcher de m'enorgueillir.

Trois fois j'ai prié le Seigneur de l'éloigner de moi, et il m'a dit : Ma grâce te suffit, car ma puissance s'accomplit dans la faiblesse. Je me glorifierai donc bien plus volontiers dans ma faiblesse afin que la puissance de Christ repose sur moi. (2Corinthiens 12 :7-10)

Pressé par la vogue des faux apôtres, qui n'ont point rencontré Christ, ni ne l'ont point vu, Paul recourt à une vision à laquelle il eut part.

Il a été ravi, probablement en esprit, jusqu' au troisième ciel et il a entendu des paroles merveilleuses qu'il n'est pas permis à un homme d'exprimer. Et pour qu'il ne soit point enflé d'orgueil à cause de l'excellence de ces révélations ; il lui a été mise une écharde dans la chair, un ange de Satan pour le souffleter et de l'empêcher de s'enorgueillir. Paul a prié trois fois le Seigneur de l'éloigner : Mais la réponse divine était négative : » Ma grâce te suffit ; car ma puissance s'accomplit dans la faiblesse. » (v.9)

Paul en déduit que la grâce de Jésus sert à diminuer et à effacer tous les maux causés par les anges de Satan et leurs esclaves : souffrance, outrages, calamités, persécutions, détresse.

Afin de profiter de la grâce du Seigneur, il faut s'unir à Lui dans sa mort et dans sa résurrection, chose accomplie par la foi dans l'eau du baptême. (Colossiens 2 :11 :12) Celui qui croit dans son cœur que le Père a ressuscité le Fils d'entre les morts, et en rend témoignage, entre dans l'eau comme un homme charnel et il en sort comme un homme spirituel de nature christique.

Pour mette à profit cette transformation, il est suffisant de dire : »je suis mort en Christ pour cette souffrance ou bien pour cet outrage,(cette calamité, cette persécution, cette détresse). »

La clé du portement de croix est la suivante : »Ainsi vous-même ,regardez-vous comme morts au péché et comme vivants pour Dieu en Jésus-Christ. » (Romains 6 :11)

Ludus, le 11 novembre 2024. Charles Székely.

La patience comme vertu chrétienne

Versets de base

1.Aucune tentation ne vous est survenue qui n'ait été humaine, et Dieu, qui est fidèle, ne permettra pas que vous soyez tentés au-delà de vos forces, mais avec la tentation il préparera aussi le moyen d'en sortir, afin que vous puissiez la supporter. (1Corinthiens 10 :13)

2.Bien plus, nous nous glorifions même des afflictions, sachant que l'affliction produit la persévérance, la persévérance la victoire dans l'épreuve, et cette victoire l'espérance. Or, l'espérance ne trompe point, parce que l'amour de Dieu est répandu dans nos cœurs par le Saint Esprit qui nous a été donné. (Romains 5 :3-5)

3 . À cause de cela même, faites tous vos efforts pour joindre à votre foi la vertu, à la vertu la connaissance, à la connaissance la maîtrise de soi, à la maîtrise de soi la patience, à la patience la piété, à la piété l'amitié fraternelle, à l'amitié fraternelle l'amour. (2Pierre 1 :5-7)

4.Car nos légères afflictions du moment présent produisent pour nous au-delà de toute mesure un poids éternel de gloire, parce que nous regardons, non point aux choses visibles, mais à celles qui sont invisibles ; car les choses visibles sont passagères et les choses invisibles éternelles.

Les tentations parues à la suite du péché originaire ont pénétré dans la vie tous les hommes. Les esprits mauvais taquinent, égarent, exaspèrent, endommagent, tendent des embûches aux hommes pour les soumettre à leur volonté.

Mais Dieu ne laisse pas que les gens soient tentés au-dessus de leurs forces. Il a le soin que les tentations ne dépassent point les capacités humaines. Et en préparant les tentations, il met à la disposition de gens les moyens d'en sortir afin qu'elles soient supportables.

Concernant ces moyens-là, on se les approprie par la foi. En étudiant les Écritures, et en les mettant en pratique, le croyant subit des transformations qui lui apportent des avantages dans le combat spirituel avec les démons. Il en profite par la foi. Par exemple, à une menace du tentateur, il peut répliquer : » Je fais partie de la Maison de Dieu ». (Hébreux 3 :5,6)

En étudiant la Bible, le croyant prend possession d'une perspective céleste sur les choses avec lesquelles il se confronte. Les afflictions deviennent sous ce jour profitables. Les afflictions qu'on endure silencieusement pour plaire à Dieu produisent la persévérance qui est une victoire dans l'épreuve. Ces victoires remplissent l'âme d'espérance. Or, l'espérance est une manifestation du Saint Esprit dans l'âme humaine.

Dans sa Deuxième Épitre, Pierre fait distinction entre les appelés et les élus. Les élus se distinguent par une pléïade de huit vertus dont ils font preuve : foi, œuvre de la foi, connaissance, maîtrise de soi, patience, piété, amitié fraternelle, amour pour tous les hommes. L'apôtre mentionne encore : » Car si ces choses sont en vous, et y sont en abondance, elles ne vous laisseront point oisifs ni stériles pour la connaissance de notre Seigneur Jésus-Christ. » (2Pierre 1 :8)

En ayant accepté délibérément la souffrance pour obéir à son Père, Jésus de Nazareth s'est frayé un chemin vers la gloire céleste. (Luc 24 :25,26) L'épreuve qu'il a subie l'a amené à la perfection en matière d'obéissance. (Hébreux 5 :7-9)

La souffrance qu'on traverse au cours de l'épreuve vaut énormément au Ciel. L'apôtre Paul nous découvre que nos légères afflictions du moment présent produisent pour nous, au-delà de toute mesure, un poids éternel de gloire. (2Corinthiens 4 :17)

Dans sa Lettre adressée aux Romains, l'apôtre réfléchit ainsi : »J'estime que les souffrances du moment présent ne sauraient être comparées à la gloire à venir qui sera révélée pour vous. » (Romains 8 :18)

Ludus, le7 octobre 2024 . Charles Székely.

Les plus malheureux de tous les hommes

Verset de base

Si dans cette vie seulement que nous espérons en Christ, nous sommes les plus malheureux de tous les hommes. (1Corinthiens 15 :19)

Ce titre se rapporte aux gens qui n'ont point part aux joies spécifiques de ce monde et n'ont toujours pas entrée à la Jérusalem céleste préparée aux saints.

Vu leurs rapports au Seigneur Jésus, les hommes se divisent en trois groupes :1. les fidèles qui croient au sacrifice et à la résurrection du Seigneur, 2. ceux qui n'y croient point, mais en font semblant, 3. ceux qui haïssent le Seigneur ouvertement et lui jettent l'opprobre.

Les hypocrites qui se sont faufilés dans l'assemblée sont désignés comme les plus malheureux des hommes de la Terre. Ils font partie du groupe qui ne croie guère à la résurrection.

Le chapitre quinze de la Première Épitre adressée aux Corinthiens est consacrée à la résurrection. Les contemporains de Paul s'opposaient à cette idée.

Paul illustrait son sujet par la résurrection de Christ. Voilà une partie de sa défense : » Christ est mort pour nos péchés selon les Écritures, Il a été enseveli et il est ressuscité le troisième jour, selon les Écritures. Et il est apparu à Céphas, puis aux douze. Ensuite il est apparu à plus de cinq cents frères à la fois. ...Ensuite il est apparu à Jacques, puis à tous les apôtres. Après eux tous, il m'est apparu à moi. » (1Corinthiens 15 :5-8)

Jésus est apparu à Paul à Damas pour lui ôter son élan de persécuteur de l'Église. (Actes des Apôtres 9 :1-9) À cette occasion-là, Paul renonça à sa propre volonté pour accomplir la volonté de Christ. La conversion du persécuteur Saul a eu un grand écho dans le monde.

Les Écritures mentionnent plusieurs fois l'origine divine de Jésus de Nazareth, mais ses ennemis n'y accordent point attention. (Luc 1:35, Ésaïe 9 :6) À ceux qui lisent avec attention ces mentions ,il leur est plus facile de croire à la résurrection du Seigneur.

Ceux qui n'y croient point et sont toujours baptisés ne s'attendent point à des miracles comme réponses à leurs prières. Ils n'espèrent point à avoirs des maisons dans la Nouvelles Jérusalem. (Jean 14 :1-3)

Ludus ,le 20 octobre 2024. Charles Székely.

La paix et la sanctification

Versets de base

Recherchez la paix et la sanctification, sans laquelle personne ne verra le Seigneur. (Hébreux 12 :14)

Car Dieu était en Christ, réconciliant le monde avec lui-même, en n'imputant pas aux hommes leurs offenses, et il a mis en nous la parole de la réconciliation. (2 Corinthiens 5 :19)

S'il est possible, autant que cela dépend de vous, soyez en paix avec tout le monde. (Romains 12 :18)

Je vous laisse la paix, je vous donne ma paix. Je ne vous donne pas comme le monde donne. Que votre coeur ne se trouble point et ne s'alarme point. (Jean 14 :27)

Ne vous inquiétez de rien ; mais en toute chose, faites connaitre vos besoins à Dieu par des prières et des supplications, avec des actions de grâce. Et la paix de Dieu, qui surpasse toute intelligence, gardera vos coeurs et vos pensées en Jésus-Christ. (Philippiens 4 :6,7)

Ayant donc de telles promesses, bien-aimés, purifions-nous de toute souillure de la chair et de l'esprit, en achevant notre sanctification dans la crainte de Dieu. (2 Corinthiens 7 :1)

Comme l'homme cherchant Dieu a à parcourir les étapes de la marche avec le Seigneur, au commencement de chaque étape, il doit accomplir des conditions exclusives. Premièrement, il doit se repentir et mettre sa confiance en Christ, secondement, il doit faire alliance dans l'eau avec la Sainte Trinité pour entrer dans la Maison de l'Eternel, troisièmement, il doit mettre en pratique les instructions contenues dans l'Evangile de Paix.

Nous allons, de ce pas, traiter les instructions concernant la marche dans la paix et dans la sainteté. La paix est l'un des traits principaux du Royaume des Cieux. Dans une de ses prophéties sur Christ, Ésaïe le nomme « Admirable, Conseiller, Dieu puissant, Père éternel, Prince de la Paix. » (Ésaïe 9:5) La paix caractérise le royaume de Dieu, tandis que le trouble caractérise le royaume de Satan. Le royaume de Dieu est descendu sur la Terre en Christ comme ambassadeur.

Suite à la révolte du tiers des anges, le bon ordre de l'Univers a culbuté. Suite à la chute adamique, le désordre a pénétré la société humaine. Christ est venu sur la Terre pour y rétablir l'ordre et ka paix.

Le désordre entraîne la querelle et le péché, transgression du commandement divin. Le sang de Christ anéantit le péché dans la vie des croyants et les réconcilie avec Dieu. Aussi longtemps que le croyant vit sur cette terre, il peut être souillé de péchés. En conséquent, la sanctification s'impose. Dans les circonstances terrestres, où Satan est dieu, Il nous faut donc mener une vie de paix et de sanctification.

Afin de rétablir la paix entre les humains et leur Créateur, le Fils de Dieu accepta d'être sacrifié sur une croix. Comme le Père et le Fils sont un dans leur Esprit, au moment du sacrifice, le Père était dans le Fils, réconciliant le monde avec lui-même. Cela a apaisé le courroux du Créateur envers les hommes qui se fient en son Fils.

Il est naturel que ceux qui bénéficient de pardon pardonne à leur tours les offenses d'autrui. Aussi les chrétiens cherchent-ils la paix et courent après. A propos, l'apôtre enseigne : « que le soleil ne se couche pas sur votre colère, et ne donnez pas accès au diable. » (Ephésiens 426,27)

La colère est un état de trouble qui fait dire et accomplir de choses regrettables. Afin de les éviter, le Seigneur fournit sa paix a ses disciples. Cette paix préserve l'âme de trouble et d'alarme.

Autant qu'on est en chair, on s'inquiète et se trouble quand-même. Jésus nous donne la clé d'en échapper. La paix de Dieu gardera nos coeurs et nos pensées, si nous faisons connaitre nos besoins à Dieu par des prières et des supplications, avec des actions de grâce.

L'apôtre définit la sanctification comme la purification de notre esprit et chair de toute souillure. Après la repentance, la confession de foi et le baptême, le chrétien peut se souiller, par mégard, de différents péchés : il transgresse un ordre de Jésus, ou bien il omet de mettre en pratique une instruction du Seigneur. L'apôtre Jean instruit, dans sa première épître, chapitre 1, verset 9, que, dans ces cas, il nous faut confesser nos péchés à Christ. « Il est fidèle et juste pour nous les pardonner et de nous purifier de toute iniquité ».

Le chrétien peut se maintenir pur, sans aucune souillure, en portant journellement sa croix. A l'exception d'une seule étude, parue sur le You-tube, on ne trouve aucun enseignement véridique sur » le portement de croix christique ». Il est apparu sur la chaîne For Gad tv.

Ludus, le 2 juin 2023 Carol Szekely

Printed by Books on Demand GmbH, Norderstedt / Germany